DESTINO: EL ESPACIO

Una visita a
MARTE

De David y Patricia Armentrout
Traducción de Santiago Ochoa

Un libro de El Semillero de Crabtree

CRABTREE
Publishing Company
www.crabtreebooks.com

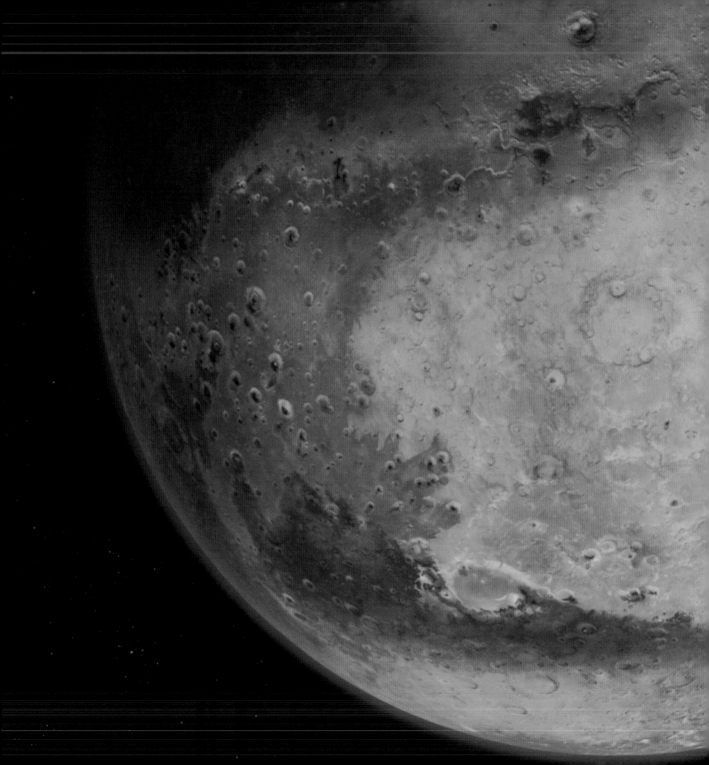

Índice

Marte y nuestro sistema solar

Nuestro Sol es una **estrella** de tamaño mediano. Se formó hace más de cuatro mil millones de años. El Sol y todos los objetos que lo **orbitan** forman nuestro sistema solar.

La gravedad es la

Sol

Mercurio

Venus

Luna

Tierra

Marte

Después del Sol, los ocho objetos más grandes de nuestro sistema solar son los **planetas**. Marte es el cuarto planeta a distancia del Sol.

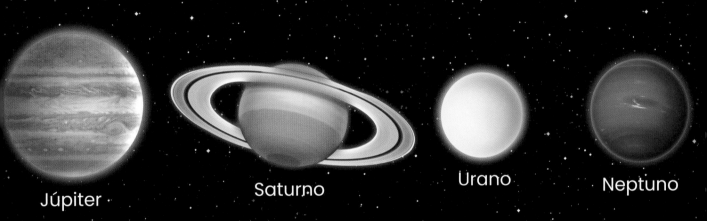

Júpiter

Saturno

Urano

Neptuno

Los cometas, asteroides y lunas también forman parte de nuestro sistema solar.

Marte está conformado principalmente por rocas y metales. Su superficie está cubierta de una capa de óxido de hierro.

Los cuatro primeros planetas desde el Sol son planetas rocosos. Los científicos los llaman planetas terrestres.

9

Por la noche, Marte parece una estrella roja. De lejos, Marte se ve rojo porque en su **atmósfera** se arremolina polvo de color óxido. De cerca, hay suelos de color rojo, café, bronce e incluso verde.

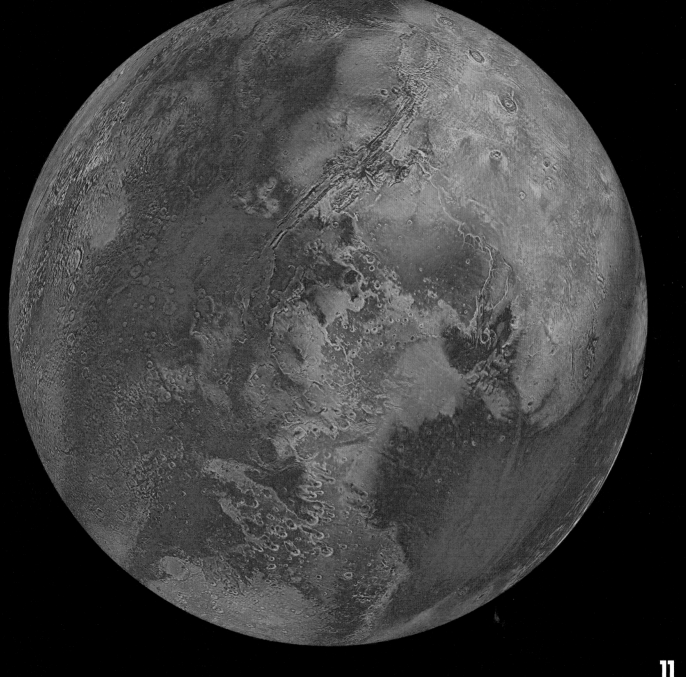

Marte y la Tierra: vecinos en el espacio

La atmósfera de Marte es más delgada que la de la Tierra. Por ello, a Marte le resulta más difícil retener el calor del Sol. Marte, en promedio, es un planeta más frío que la Tierra.

Muchos objetos del espacio tienen una atmósfera. La atmósfera de la Tierra tiene la combinación adecuada de gases para albergar vida.

13

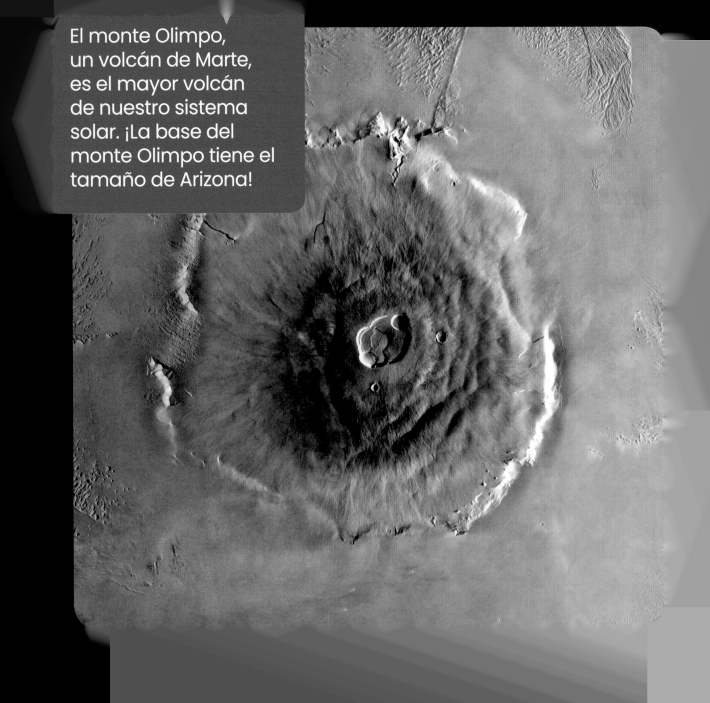

El monte Olimpo, un volcán de Marte, es el mayor volcán de nuestro sistema solar. ¡La base del monte Olimpo tiene el tamaño de Arizona!

Al igual que la Tierra, Marte tiene nubes, viento y tormentas de polvo. Marte también tiene montañas y volcanes. Sabemos que el agua no fluye en Marte hoy en día, pero sí tiene casquetes polares y helados como la Tierra.

Marte, al igual que la Tierra, gira sobre su **eje**. Como los dos planetas giran a la misma velocidad, sus días tienen casi la misma duración. Una vuelta completa, o giro, le toma a Marte 24 horas y media.

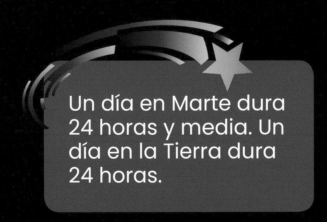

Un día en Marte dura 24 horas y media. Un día en la Tierra dura 24 horas.

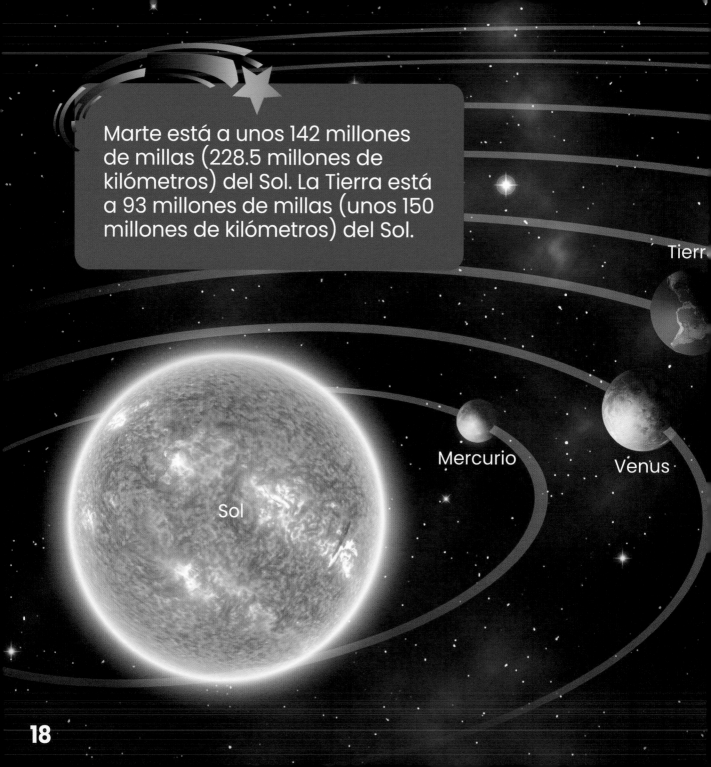

Marte está a unos 142 millones de millas (228.5 millones de kilómetros) del Sol. La Tierra está a 93 millones de millas (unos 150 millones de kilómetros) del Sol.

Tierr

Mercurio

Venus

Sol

Júpiter

Urano

Neptuno

Saturno

Marte

Marte y la Tierra tienen días similares, pero sus años son diferentes. Un año terrestre tiene 365 días. Esto es lo que tarda la Tierra en orbitar alrededor del Sol. Marte tarda 687 días terrestres en orbitar alrededor del Sol.

Rover *Curiosity*

El rover *Curiosity* de la **NASA** ha enviado imágenes a la Tierra desde la superficie de Marte.

Misión a Marte

Muchas naves espaciales han visitado Marte desde la primera misión que fue lanzada en los años 60. Cada vez que una nave espacial se acerca, o aterriza allí, envía información sobre Marte a la Tierra.

El rover *Perseverance* de la NASA envió su primera imagen a color de Marte en 2021.

En 2021, un nuevo rover de la NASA, el *Perseverance*, aterrizó en Marte. El *Perseverance* comenzó rápidamente a enviar información a la Tierra. Esa información incluía imágenes, videos y, por primera vez, sonido.

El rover *Perseverance*

Glosario

atmósfera: Capa de gases que rodea a un planeta.

eje: Línea imaginaria en torno a la cual gira un cuerpo o planeta.

estrella: Una bola de gases ardientes.

NASA: Abreviatura en inglés de la Administración Nacional de Aeronáutica y del Espacio (*National Aeronautics and Space Administration*), una rama del gobierno responsable de la investigación y exploración del espacio y de los viajes espaciales.

orbitan: Que viajan en una trayectoria invisible alrededor de un objeto mayor, como un planeta o una estrella.

planetas: Objetos que viajan alrededor del Sol.

Índice analítico

Apoyo escolar para cuidadores y profesores

Este libro ayuda a los niños a crecer permitiéndoles practicar la lectura. A continuación se presentan algunas preguntas orientativas para ayudar al lector a desarrollar su capacidad de comprensión. Las posibles respuestas que aparecen aquí están en color rojo.

Antes de leer

- **¿De qué creo que trata este libro?** Creo que este libro trata del planeta Marte. Creo que este libro trata sobre ser un astronauta e ir a Marte.

- **¿Qué quiero aprender sobre este tema?** Quiero aprender en qué sentido la Tierra y Marte son iguales y en qué sentido son diferentes. Quiero aprender cuánto tarda un cohete en llegar a Marte.

Durante la lectura

- **Me pregunto por qué...** Me pregunto por qué Marte es conocido como el planeta rojo. Me pregunto por qué no hay agua en Marte.

- **¿Qué he aprendido hasta ahora?** He aprendido que el volcán más grande de nuestro sistema solar está en Marte. He aprendido que un día en Marte dura 24 horas y media.

Después de leer

- **¿Qué detalles he aprendido sobre este tema?** He aprendido que Marte tarda 687 días terrestres en orbitar alrededor del Sol. He aprendido que, en 2021, un nuevo rover de la NASA, el *Perseverance*, aterrizó en Marte para enviar imágenes, videos y sonido a la Tierra.

- **¿Qué detalles he aprendido sobre este tema?** Veo la palabra *orbitan* en la página 4 y la palabra *atmósfera* en la página 10. Las demás palabras del glosario se encuentran en la página 23.

Library and Archives Canada Cataloguing in Publication

Available at the Library and Archives Canada

Library of Congress Cataloging-in-Publication Data

Available at the Library of Congress

Crabtree Publishing Company

www.crabtreebooks.com   1–800–387–7650

Print book version produced jointly with Blue Door Education in 2022

Written by: David y Patricia Armentrout
Translation to Spanish: Santiago Ochoa
Spanish-language Copyediting and Proofreading: Base Tres
Print coordinator: Katherine Berti

Published in the United States
Crabtree Publishing
347 Fifth Ave.
Suite 1402-145
New York, NY 10016

Published in Canada
Crabtree Publishing
616 Welland Ave.
St. Catharines, Ontario
L2M 5V6

Printed in the U.S.A./062022/CG20220124